JN439811

오늘 또 버려야 할 것들

강미화 시집

문학의전당 시인선

342

오늘 또 버려야 할 것들

강미화 시집

문학의전당

시인의 말

감자꽃처럼
아린 속내는
땅속에서 키웠습니다.
꽃인지
불인지 모를
가슴을 열어보면
또 무엇이 들어 있을까,
풀어보지만
늘 조심스럽고
두근거립니다.

2021년 8월
강미화

차례

제1부

제2부

제3부

제4부

제1부

매미

닦고 밀어낸 몸
손도 발도 없는 무덤 속
눈먼 눈물 입고

목을 쌓는다
쌓을수록 가벼워지는 몸

나무들 춤사위가 시작되고
바람의 멜로디가 자라
불타는 정원

두툼한 침묵을 빚어내는
너는,
시대의 마지막 도공이다

밥심

어금니 채워진 사람은 밥힘이라고 하고
앞니 빠진 사람은 밥심이라고 하던데

이 빼고 틀니로 바꿀
때가 되다 보니
밥심이 맞지 싶다

밥알 하나에
팔십 번 손이 가야 한다는 옛말이
말뿐이것냐

논두렁 밭두렁 걸어보지 못한
부지깽이도
모든 일엔 정성을 드려야 한다는 뜻
아닌가 싶다

미안하다
빵을 더 먹였지 싶다

잘못은 나만 할 테니
밥힘으로 살어라

달리 보약이냐
심덕 곱게 써서
살다 보면
약이 되는 거여

지네

바닥 기어 다닌다고

웃지 마라

마디마디

내 안에 뼈 있다

지렁이

뼈대 있게 살고 싶었습니다
꼭 한번은 빛을 보고 싶었습니다
일평생 흙구덩이만 파는 후손은
더 이상 키우고 싶지 않았습니다

후회는 없습니다
부러질 뼈가 없으니 마음 가는 대로
휘어지고 굽어지며
생의 힘줄 꼭 잡고 쥐었다 풀었다
감지할 수 있는 주름으로
깊이만큼
묻혀 가면 되지만

높은 산이라도 만날 때면
뼈대 하나쯤 물고
싶었습니다

씨감자

씨 받을 거라고
컴컴한 구석 손닿지 않게
볕 들면 싹튼다고
아버지 잔소리 꼭꼭 여미셨다

겨우내 잔기침 문지방 드나들더니
밭고랑 헐거워졌다

시퍼렇고 싸가지 노란 것도
깊이 뭐라 하지 말고
묻어둬라, 다 지 살 탓이다
가쁜 숨 굽은 햇살 아래 눕히신다

"감자에 재는 왜 입힌대요"

준비해서 보내는 거여
다 살았으니
꽃 피우라고

주렁주렁 자식 키우다
문드러진 씨감자
따비밭 구석에 자리 깔으셨다

잔소리 말어
그래서 자식인거

나무도마

후회하지 않으련다
늦어서가 아니여
발목 시큰거리기 시작하니
맛을 알겠더라고
부려먹을 만하니까
질근질근 썰어보고 툭툭 쳐보고
난도질도 해대는 거지
쓸모없이 톡톡 부러지면
시고 맵고 쓰고 떫은맛을
어찌 알았것냐
눈물 콧물 맛은 또 어찌 알고
한구석 패인 가슴에
물 마를 날 없지만

상처,
그거 알고 보니
다 살이더라

민들레

춘삼월
노랗게 풀어놓더니
자식들 훌훌 날아가고
무늬만 남아

기댈 곳 없이
쓴물 단물 다 내어주고
행여 날아올까
긴 목이 다리를 잡습니다

사람만 사람을 보는 줄 알았습니다
달빛을 몸에 감고 따라온
줄기만 남은 껍데기
베개 밑을 파고듭니다

접다

바지는 왜 접는대요

연습하는 거여

무슨 연습하세요

이 나이 돼봐
접을 게 한두 가지가 아녀
뱃가죽은 멋대로 접히고
길은 알아서 접히고
무릎은 종아리 허벅지 구겨 넣고 접히지

물일 불일도
접히기 시작하면 다 쪼글쪼글 대는 거여
서서는 못 접는 게 바짓단이여
이만큼 되고 보니 내려가는 법도
굽어보는 법도 배우고
밑지는 장사는 아니지 싶다

너 클 때 바짓단 내려준 거 생각나냐
그만큼 큰 거
바짓단이 올려준 거여
명심할 건 없고
잊지는 말도록 해라
내 강아지

눈물이라는 주책

노안 들면 우물 하나씩
생긴다더니
주책을 들고 나온다

아프지 않아도
알아서 고이고
알아서 먹먹하게
말라붙는

그러다 넘치면
가슴 안쪽으로 흐른다

약이 없다

집을 허문다

굴삭기 발톱이 낱낱이 들춘다

게을렀던 청춘을 캐고
술 취한 책상머리를 캐내고
문살의 뒤틀린 입버릇을 부순다

창이 벽이고
담이 벽이다
집인 줄 알고 살았건만
벽을 들쓰고 산 날들이 울렁거린다

가려졌던 하늘이
뜰에 내려와 앉는다

효자손

등 긁개를 조상들이
효자손이라고 한 걸
마른 꽃 필 때가 되니까 알겠더라

영감은 먼저 가면 소용없고
남편은 마음 떠나면 별 볼 일 없고
애인은 신발 꺾어 신으면 끝이고
자식은 속 긁고 탯줄 물고 나왔으니
뗄 수 없는 거 아니것냐

너희들 시집 장가보내고 제일 잘한 게
효자손 머리맡에 모셔둔 일이지 싶다

어느새 등짝은 십리나 가 있고
팔뚝 가지고는 거기까지 어림도 없으니
강아지에게 맡기것냐 송아지에게 알리것냐

머리맡에 앉아서 볼 것 못 볼 것 다 보다

슬그머니 손잡아 주는 건
그놈뿐이더라

가끔 어디서 속 긁는 소리 올까
창문 열면
전화기 혼자 뭐 먹고 체했는지
덜그럭 덜그럭
속 파는 소리나 하고 있지

불을 굽는다

트럭이 익어간다

까만 눈에 까만 피부
하늘 길을 건너와
햄버거를 굽는다

38도의 폭염
38도의 고단함
40도를 오르는
쓸쓸함을 구워낸다

주머니 속 삼천 원
어깨 으쓱

그녀의 앞니를 쏙 빼닮은
양배추 뽀얀 속살이 익는다

지구 반대쪽

따스함이

몸을 채운다

봄비

혀를 날름거리며
물 받아먹는다

화려한 꽃잔디 민들레
작년보다 이만큼 더 컸다고
어깨 으쓱거린다

구부정한 오후
눈병이 났는지 손이 자꾸 간다

철딱서니 없는 세월이란 놈
지팡이 끝에 눈 걸쳐두고
다리 붙들어 매놓고 흔든다

가시가 피워 올린 찔레꽃 화환
허리 구부려 만들어놓은 호밋자루가
봄볕의 마디를 세고 있다

꿈꾸는 감자

마을버스 기사가
씨감자 있냐고 물어보길래
한 바가지 퍼 주었더니
산도 바람도 달려와
속 말간 손으로 심어놓더니
어느새 해와 달이 꽃피워 놓았다고
밭고랑 껄껄껄 일어섰시요

사람 사는 일
어딘들 아리지 않은 곳 있냐고
이리 구르고 저리 구르며
서로 등 긁어주며 손 내미는
후손들
주렁주렁 다복하다

감자 먹는다
폭신폭신
몸 안에 심는다

바람개비

엄마는 돌리고
아버지 키질 하면
아래로 떨어지는 놈은
탱글탱글 자빠져 자고
쭉정이는 저만치 날아가 뒹굴지

씨 주고 물 준 놈들이니
바라보는 속이 더 쪼글거렸지
무뚝뚝한 손 어디 가고
살가운 눈이
미처 마음 못 준 곳 있나
손길 못 간 곳 없나
허리 꼬부라진 빗자루가
이마 쓰다듬었지

세상은 바람 밭이니
꼭 있어야 할 곳이
거름 자리라고

얘들아 거름이 재산인겨
밑거름이 좋아야 하는데
어미가 거름이 못되어 줘서 미안타

아궁이

아부지 이제 불 고만 때셔유

그런 소리 말어

불덩이 꺼지면 죽은 거여

아무리 불 지펴도 냉골이던 구들장

이 아궁이 저 아궁이

숯덩이 찾다
잿더미 남기셨지

어릴 적 맡았던 냄새가
울 엄마 가슴팍 타던
냄새일 줄이야

제2부

종이액자

그게 뭐예요
어르신들 선물
너무 가벼운 것 아니에요
무겁게 사신 분들이야
젊어서는 애들 키우느라 무겁고
살 만하니
엉덩이는 천 냥
다리는 만 냥
뭘 더 올려드리겠어
햇살 곱던 날 찾아서
가슴에 걸어두면
주머니 가득 채우고 있던 얼음 조각들
빙그레
녹아내리지 않을까

어머니
— 연습

장롱은 또 왜 쑤석거려요
버릴 것 있나
어제 버렸잖아요
오늘 또 버려야 혀
냉장고는 또 왜 부스럭거려요
버릴 건 버려야지
아까 버렸어요
그건 아까여
속 모르는 소리 말어
나도 공부하는 거여
아무리 생각해도
한 번에는 못 버릴 것 같아서
이제 얼추 다 됐어
잊어버릴 것만 버리면 되고
수저도 무거운 건 싫고
돈도 가벼운 종이돈이 좋은 건 알지만
거울에 귀 대보니
돈보다 더 가벼운 게

마음 보따리더라
크게 쌓을수록 가벼우니
이건 또 무슨 경우인지
참 거시기하다

마른장마

틀니 닦으며 말했습니다
감사할 일이 많다고
아침에 눈뜨는 일도 감사
숨 쉬는 일도 감사
나뭇잎이 제멋에 흔들리는 것도

다 귀향 보낼 말이었습니다
등 따시고 배부를 때
부르는 콧노래라고

어금니 흔들리고 사랑니 지고 나니
주름은 바퀴벌레보다 무섭지만

강아지 소리에도 웃음이 나고
풀잎들 이름도 불러봅니다

당신 말이 들립니다

오후 여섯 시
오물오물 나이를 씹어 봅니다

거짓말 1
— 청춘교실

예쁘시네요
머리 자르고 나면 더 젊어지실 거예요
머릿속이 답답하시다구요

제가 다 빗겨드릴게요

아이구 바쁜데 고마워요

건강해지시면
미용실 놀러 오세요
십 년은 젊어지셨어요

들키지 않으려고
마신 한잔 커피
입천장을 데이고 말았습니다

거짓말 2
— 청춘교실

어르신 목욕하신 날
남자는 다 그려
아이구 지겨워
남자 없어도 잘 살어

머리 말려주던 남자 선생님
출장 가던 날
오늘은 남자 미용사도 없네

깜짝 놀란 드라이기
덜덜덜 웃는다

거짓말 3
— 청춘교실

종이접기 하다가
곱게 접어
주머니 속에 넣는다

난 하나도 없어
하나 줘

드렸잖아요

아니야 이건 내 거 아니야
선생님 하는 우리 아들 갖다 줘야 해

때 이른
나비 한 마리가
살포시 손등에 앉는다

거짓말 4
— 청춘교실

머리 빗겨주면 뭘 해
봐줄 사람도 없는데
시집을 또 갈 것도 아니고
돈 붙여서 밖에 두면 돈만 떼어가고
나는 버리고 간대
그래서
우리 엄마는
천상 우리 엄마만 해야 한다고
아들이 끌어안던데

머리에 물기름
조금 더 발라서 빗겨봐

거짓말 5
— 청춘교실

색칠 곱게 하신다
이 색깔 아니잖어
저렇게 하려고 했는데
다 틀렸어
저 할머니 거 너무 예쁘다

점점 멀어지는 옛 그림자
슬며시 끌어다 덧칠하신다

어르신 색칠하신 거
너무 예쁘세요

얼굴에 오색 주름이 빛난다

하모니

아 밥 먹자
아이구 우리 엄마 잘 드시네
입 좀 닦고
입 크게 벌려보셔
우리 엄마 다 드셨네
아이구 착해라

집단만 한 엄마를 어르며
힘을 다해 죽을 드시게 하는 아들
아기 손만 한 손을 꼭 잡고
고단한 하루를 내려놓는다

전생에 엄마의 엄마였을까
다시 들어도
다시 보아도 불협화음

오늘처럼 시간이 짧은 날이면
어제 떠난 태양이 마냥 그립다

별거 아니다

방 하나 지키다 보면
슬그머니 옆에 와서
앉는 애들이 있지

어디서 왔나
냉장고를 열었다 닫았다
장롱 서랍도 열어보고
닫아 봐도 덩그런 형광등만
껌벅껌벅

그래도 살아서
이것들이 문이라도 열어본다고 하다가
창살 여러 번 내려앉았지

저도 갈 데가 없어 찾아든 게
해묵은 벽지 냄새
싱싱한 이곳인가 싶으면

목젖이라도 헹구라고
냉수 한 모금 꿀꺽 먹여서 보내지

사탕발림

부스럭부스럭
속닥속닥

주머니 속으로 사탕이 들어와 앉는다
입에 침 마르고 가슴 씁쓸할 때 드실 보약
내어 주신다

마지막 순간까지 맛을 놓지 않는 사탕은
알고 있었다

달달한 미소는
사탕에 의한
사탕을 위한
달달한 유행가 가사다

우지직
어금니 사이에 숨어
목 밑바닥까지 보고서야

끈적임을 놓는다

들켜버린 입술
주머니 속으로 몸을 밀어 넣는다

지팡이

숟가락 무거운 것도 싫고
더 나이 들면 무얼 가지고 살까 싶다

명아주 말이다
젊어서 앞서거니, 뒤서거니
솟구치다, 흔들리다
뭐라도 피워볼까 대 세우다
도로 아미타불 된 거 아닌지

가슴팍을 찌고 말리고
찌고 말리고 수십 번
당하고 사신 양반들이 오죽 잘 아시겄냐
옹이 박힌 곳 구부러진 곳
어루만져주며 무거울 것 없고 급할 것 없다고
같이 뚜벅뚜벅 가자고 찾는 거지

남의 다리로 살기도 쉽지 않지만
남의 다리 되어 사는 일도

보통 일은 아닌 거여

살아봐서 알것지
걸을 때는 아래를 잘 보고 걸어야
넘어지지 않는 거여
콕콕 집어줄 때 적어둬라

지워진 지문

급하게 먹은 밥에 체하고
바쁜 걸음에 넘어지는 것이
사람뿐이 아니더라

밝은 귀로 사는 것도
부릅뜬 눈으로 사는 것도
발바닥 땀내 낸다고
더 잘 사는 것도 아니더라

가슴팍 더듬이가
봐도 못 본 척 들어도 못 들은 척
밀어주고 당기다
가슴팍 지문이 다 닳아서
빛이 생기는 거더라

주름이 올려 붙지 않더라
잘 익은 주름이 고개 숙이는 법이여

그래서
누구나 긴 주름을 공들여
빗겨 내리는 거지

고백

서 푼이었나
육이오 사변 때 부산으로 피난을 갔지
남자들은 군대 가고 두 동서와 시어머니
네 식구가 뜨개질해서 먹고 살았어
막내인 내가 시장에 내다 팔았지
그때 땅콩이 얼마나 먹고 싶던지
사먹고 입 싹 닦고 집에 와서 또 닦았지
지금도 마음에 걸려
다들 얼마나 먹고 싶었겠어
얼마 전에 큰 동세를 만났는데
말을 할까 하다 또 못했어
미안하고 창피해서
육십 년도 넘게 숨겼잖어

뜨겁게 밀려온 고소한 향기
정신을 차리고 나니 백발이 되었다

섬돌

조실부모 하고
일만 하다

살 만하다 했더니
쳐들어온 그놈

세월의 뒷발질
피하지 못해
물렁해진 마디

봇물 스민다

아들이 일을 너무 많이 해서
걱정이여

주름 깊은 햇살이
처마 끝에 걸린다

낮잠

미치도록 사랑하다
미치도록 울어대다
날뛰다

웃는 게 우는 건지
우는 게 웃는 건지
홀리다 홀린 건지

피도 눈물도 삭아버린
다 타버린 부지깽이
쓰다 버린 몽당빗자루 안고
깐죽거렸지

어디가 불인지
뿔인지

눈뜨고 보니 도깨비 터

눈이 알아서 더듬거리고
입도 알아서 입맛 찾아주고

잠 한숨 잘 잔겨
그 바람에 구경할 거 다 했잖여
거시기하게

방음벽

귀 닫고
눈 닫고

생은 어디쯤 와 있는지
기다릴 무엇이 없어

몸을 열었지

제3부

종합병원

아이구 다리야
아이구 팔이야
아프지 않은 사람 없습니다
약도 없고 의사도 없고
내리는 처방은 하하 호호
시도 때도 없이 아무 때나 드세요
그만큼 아파 봤으니
눈치 빠른 입꼬리가 벌렁벌렁
물 한 모금 없이도 잘 넘어갑니다

아직은 인턴
명의 반열에 오르면 국수 가락 춤추듯
팔 다리 허리가 깔깔깔 낄낄낄 돌아갈까
얼씨구절씨구 두드리고 만져보다
눈 맞추는 청춘교실
웃음 개발 연구소입니다

물

불 피워 봐라

굴러굴러
여기 왔다

불 질러 봐라

보글보글
꽃으로 살아

모락모락
향기 감고

그대 사막에 뿌릴
씨앗이다

나무도 맛이 든다

마당 한구석 앵두나무
유월을 들고 왔다

이쪽 가지에서 저쪽을 보니
붉은 알알들
가까이 가니 보이지 않고
놀아가
다시 저쪽을 보니 잘 익었다

몇 바퀴
돌고 돌아 다시 그 자리
고개 숙여 보니 보인다
머리 내려 보니
더 붉다

불혹이나 넘겼을까
제법 맛이 깊다

봄을 훔치다

무 먹고 흙 뒤집고
배추 먹고 엎어버리고

일 년에 몇 번씩
바람의 발자국 소리에
꿈을 펴 올리는 고랑들

가난은 팔자라고
아랫목에 고이 모셔두고
한 번도 갈아엎지 못한
무지랭이 죽쟁이

호밋자루 괭이자루 트랙터 이빨에
부서지고 깨지다
공중 낙상에도 눈 깜짝 않는
흙밥이 눈부시다

헛기침 지르며

헛다리 잡고 예까지 왔다

봄비가 채찍을 들었다

당산나무

나무와 가지가 같은 줄 알지
산전수전 다 겪고 흙냄새까지 맡고 살아난 것을 나무라고 하고
머리에 풀 냄새도 지우지 못한 걸 가지라고 하는 거여

나무는 흔들리는 법이 없는 거여
흔들릴 수가 없는 거여

가지들 흔들어서 세상 구경 시켜주고
눈 바르게 뜨는 것도 일러주고
가지가 찢겨도 상처 붙잡고 일어서는 것도 가르치고
낙화하는 법도 물드는 것도
흔들어 깨워주는 거여

동네 사람들이 당산나무 보고 왜 절을 하는지 알겠지
못 믿겠으면
뒷산에 계신 할아버지에게 물어보던가

고장 난 시간

던져진 채
실오라기 하나 걸치지 못하고 실려 간다

엊그제까지 경적을 울리며
오직 앞만 보고 달렸을
달려야 했을

시간의 감옥을 짓고
차 위에 폐기된 내일이 쌓여 있다
생은 몇 개의 뼈대와
몇 미리의 양철 조각

해는 점점 무거워지고
길은 어디로 실려 가는지

어머니를 보고 오는 길이
겹겹이 젖고 있었다

호미 자리

욱신거리겠어요

호미질을 했더니 생기데

엄지 검지 사이
솟은 봉우리

누가 시켜서 했나
내가 하고 싶어 했지
자식이 육 남매여

많이 아프시겠어요

호미질은 다른 손가락이
할 수 없는 거여

나을 만하면 아프고
나을 만하면 또 아프지

호미가 할 일은 따로 있는 거여

이 자리가 명당자리여
다들 그만그만 살고 있으니까

골짜기

갈수록 산이었습니다
능선을 찾아 기었습니다

몸을 내리고
돌아보니
이쪽저쪽에서 밀어주고
젖은 등을 닦아주었습니다

계곡을 만날 때면
햇살이었다가 그늘이었다가
가끔 바람에 물든
엽서를 보내준 당신

마주 보면서
젖줄을 받아먹고 자란
거울

침묵

아무도 들어가지 마라

찢어도 보았다
녹여도 보았다

아무도 안으로 들어오지 마라

그림자

네 안에 나 있다

그늘

애들 뭐라 하지 마라
공부만 한다고 일등 하는 것도 아니고
출세하는 것도 아니다

산에 가 봐라
큰 나무 위에 큰 나무 있고
작은 나무 아래 더 작은 나무 있다
꽃 피울 것은 꽃 피우고
잎으로 살 것은 잎으로 사는 거다

눈 밝은 자식은 나라 자식
가슴팍 깊은
놈이 내 자식인 거다
입으로도 때리지 마라

작은 산이 큰 산 품고 자는 거다
계곡 물 동동거리고
주름살 펴질 날 없어도

때가 되면 숲이 되는 거다

너 키울 때는 왜 몰랐는지
더 이상 클 일 없어지고 나니
이제사 철이 든다

관계

잘 익은 아스팔트를 끌고
집으로 왔다
방 안은 찜질 중이다

땀을 너무 뺐을까
불맛이 난다
문을 열자
잠겨 있던 벽들이 가슴
펴고 나온다

책장 꽃병 어항
시끌시끌 조잘조잘
다가와 앉는다

한 일이 없다
문 하나 열었을 뿐

상처 없이 피는 꽃은 없다

늙은 벚나무 밑동
절반은 도려지고
수술 자국 만연하다

시멘트 사이
목마른 가지들

괜찮아
별거 아니다

꽃이 바람을 흔든다

월복(越伏)

어머니 전상서

삼킬 듯 시뻘겋게
파도치던 태양도
만삭의 몸을 풀었습니다
할 일 다 했나 봅니다

나이도 먹고 만고풍상
다 먹고 나더니
꼬리부터 익어갑니다

꽃마다 열매마다
어루만져 주고
서늘한 가슴들 행여 다칠까
고운 빛만 골라 옷 내어줍니다

나도 나의 태양을 건널 때
아무것도 보지 못했습니다

장미도 몰랐지만
카네이션도 보지 못했습니다

저기 나의 태양이 가고
또 오고 있습니다
어머니가 꼭 한번만 더
만져보고 싶어 하셨던
한여름 밤이

껍질 벗기

두 발로 살기 힘들지
나무 봐라
발끝부터 머리끝까지 온전한 데 있나
한 발로 허공을 긴 거여
나무도 품은 것들 지키려면
제 살 찢어지는 것쯤은
다음 생으로 맡긴 거여

가만히 들여다봐라
물도 모래밭 거닐다 풀섶 지나다
폭포라도 만나면 별수 없이
눈감고 뛰어내려야 하는 거여
폭포수 옆에 무지개 뜨는 거 봤지
거품 물고 쓰러지면서 벼랑을 지켰다는 거여

하물며 사람은 말해 무엇 하것냐
조금 더 있으면 알게 될 테니
너무 서두르지 말고

어느 가을날 문득

요양원 뜰
비 젖은 가을
장미 몇 잎은 떨고
몇 잎은 떨어져 구르고

한 잎에
마음 젖는다

꽃 같은 시절 있었지
그때는 시간이 가는 건지 몰랐어
눈 한번 감았다 뜬 것 같은데
그런데
그래도

그날
밤이 유난이 골이 깊었던 건
어제 떠 있던 짧은 태양
때문은 아니었습니다

저수지가 익어가는 마을

갈비뼈 보인다
사이로 잡목들 엉키고
철없는 물고기 투덜거린다
등이 마르도록 길러낸 자식들
제 멋대로 컸다고
고개 빳빳이 들고 나온다

뼛속 둥지 튼다

젊어서는 낚싯대들 들락거리고
마을 대소사도 모여들다
목이 출출할 때는 소주도 막걸리도
홀짝거렸다

아래 뿌리내리지 못한 자식들
세상은 밥심이라고
마지막 남은 종아리 힘을
아랫배미로 떼어준다

기억 많은 둑
울렁거린다

어떤 죽음

검버섯 품으며

썩어간다

죽을힘 다한 모과

죽어도 물고 산

지독한 향기

제4부

가시

비린내만 파먹고
물비늘만 입고 산 울 엄마
등골 수북이 쌓였다

다 내어줘도
등골은 남았다고

마른 목을
헤집어놓는다

장터

따갑게 목이 타는 한나절
풋내 나는 배씨 생선장수 어씨
침마저 말라붙는 목 적시러 간다
장돌뱅이 목청만큼 걸쭉한 막걸리
가득가득 채워지면 겨울 장마보다 긴
하루가 하얗게 녹아내리고
눈물 한판 웃음 한판
내리 두 판을 치고 나면
쏟아지는 햇살

등줄기가 휘어져
아려도 술맛보다 달콤하다는
주모의 넋두리도 노래가 되고
땟국물이 뚝뚝 떨어지는 문고리도 친구가 되는
그곳에 가면 안다
술이 왜 술이 되는지

삽시도에서

소리를 찾아
바다에 몸 맡겼다

출렁이다
덜컹
미끄러지고 떨어지는

물이 소리를 녹인다
파도를 넘겨야 하는
소리 새

물을 열고 보니
백발의 파도를 품은
바다, 참
호걸이다

애기똥풀꽃

노란 리본 달고
사월이 왔다
가슴 닿는 곳
눈길 머문 곳마다
흔들리는 꽃 무리

혀가 긴 언어들 돌돌 말려
눈도 귀를 먹은
진도 팽목항

살이 찢겨도
멈출 수 없는 파도가
제 숨소리 받아먹으며
자라는 항구

바다는
바다는 무죄다

그래 그렇게

또 사월은 만발하고

태양의 수액을

빨아 마시며 꿈꾼다, 다시

분천역

화면 속 잠시
머물던 간이역을 만났다

주간 보호 어르신들 분단장하고
새 옷 입고 노래하던 날
오래 살고 볼 일이여
많은 사람들 앞에서 노래하고 박수 받고
세상은 좋은 세상이여

가슴에 복사꽃 만개했지만

손등처럼 쪼그라진 마당에
잡풀은 성성한데
언 밤을 녹여주던 목탄 난로와
거미집이 되어버린 백열등
큰 기침 드나들던 문짝도 등이 굽은

잠시 머물다 사라진

다시 돌아오지 못할
간이역이 그리워

작고 오래된 손에
식지 않을 손금 하나
얹어주었다

청산도 아리랑 1

잰 길 자랑 마라
꼬불탕 꼬불탕 바다다

술아
아무리 교태를 부려봐라

네게 취하나
청산도에 취하지

청산도 아리랑 2

사랑아
뜨거워 내가 산들
너를 품을 내 아니다
바람 넓은 뜰에 걸린
풀 내음
물 내음
뒤집어쓰고
몸 담그면 넉넉하지

청산도 아리랑 3

살다
입질 한번 못했으면 어떤가
평생 입질로 꽃방석 찾다가
바늘방석 앉은 그대보다

물과 말하고
산과 말하고
바다를 낚아채는 강태공

매일매일 월척이로다

청산도 아리랑 4

뱃길까지 따라와 애간장 후비니
이별은 백 번을 해도 연습이 없구나

아프지 마라

기나림은 내가 안고 가니
독야청청 하거라

청산도 아리랑 5

신홍리 앞바다

바다의 자궁
양수를 품어
섬을 키운다

해도 바다가 낳고
달도 바다가 키운다

매일 매일 만삭이다

가을

들판이 하나 둘 비워가며
무늬를 냅니다

저항 없이 투항하는 곡식들
잘 먹고 잘 놀다 간다고
탱글탱글 노랗게 웃고 갑니다

눈 부릅뜨고
살아도
누군가의 가슴에 작은 낱알로
그리움 한 톨 건네받을 수 없는
갈퀴손

논두렁이 허름한 시간을 내려놓고
바람이 써놓은 빛바랜 이야기
차곡차곡 따라 갑니다

강원도

희미한 골짜기
빨랫방망이 운다
밤낮 온 방을 구르다
총알 소리 몽롱해질 쯤
몸이 잠긴다

청춘을 베어 먹고
세월도 늙어
푹 삶은 나물처럼 뭉그러졌는데
저놈은 무얼 처먹고
눈발 날뛰듯 날뛰는지

배 떠난 평화는
고엽제에 풀려
망망대해를 떠돌고
아파도 슬픈 줄 모르는 방망이는
몸이 북이다

둥둥
헛바람 속에 눈물이 배인
방망이의 유배지는
그 남자의 고향

삼길포

구름도 갈 길 떠나고
바람도 채비 끝낸 자리
상추도 초장도 물기 마르고
비닐포장을 끌어안은
젖은 이마

등 뒤 부풀어지는
뻥튀기 소리
만선을 꿈꾸던 청춘의
덫이었나

살아서는 놓을 수 없는 항구
시들어가는 좌판
항구는 지금, 멀미 중이다

자화상

산을 오르다 보면
옹이 없는 나무 하나 없다

나도 그렇다

깊은 불
—화장

어머니 배웅하고 오던 날
화덕 같은 시는 만날 수도
쓸 수도 없다는 것을
알았습니다

어떻게 살고 계신지
무얼 드시고 계신지
봄은 언제 갔는지 모른 채

초가을 바람이 예사롭지 않은 까닭은
마지막 시를 당신 몸으로
완성하셨다는 소식이겠지요

그 사랑을

해설

시간의 주름을 위하여

—강미화 시집 『오늘 또 버려야 할 것들』 읽기

오민석 문학평론가·단국대 교수

1.

문학이 던지는 모든 질문은 사실 '존재'에 대한 질문, 하이데거의 용어를 빌면 '존재물음'에 다름 아니다. 존재를 전면에 들고 나오지 않아도 결국 모든 질문은 존재물음으로 가는 우회로일 뿐이다. 원숭이도, 고래도, 나비도 자신의 존재에 관한 질문을 던지지 않는다. 존재물음을 던지는 것은 인간의 유적 본질이다. 하이데거는 이렇게 존재물음을 던질 줄 아는 존재자, 즉 "물음이라는 존재 가능성을 지닌 존재자"를 "현존재(Dasein)"라 불렀다. 현존재는 '거기(Da)'에 '있음(Sein)'의 존재이다. 현존재는 추상적인 논리의 형식이 아니라 구체적인 세계 안에 존재한다. 현존재는 세계-내-존재이다. 그리고 현존재를 세계 내에 존재하게 하는 것은 '시간'이다. 그러므로 하이데거는 "시간이 모든 존재이해와 존재의미의 지평"이라고 말하였다. 그에 의하면 "존재는 언제나 시간에 대한 관점으로부터만 파악된다"(『존재와 시간』). 하이데거는 물론 시간 개념을 통속적인 시간 이해와 구별해야 한다고 주장했지만, 어쨌든 시간성을 배제하고 존재를 설명할 수 없다.

이런 관점에서 볼 때, 나이 듦(aging)이 좋을 수도 있는 이유 중의 하나는 늙어감에 따라 시간에 대한 사유가 증가할 가능성이 높아지기 때문이다. 젊음에게 시간성은 존재하지 않거나, 중요하지 않거나, 스쳐 지나가는 것이다. 인생의 종점이 자꾸 의식되는 주체들에게 시간은 존재의 가장 절실한 조건이다. 강미화 시인은 (나이 듦의 선물인) 시간에 대한 사유를 시적 퍼포먼스의 중심으로 끌고 온다.

이 나이 돼봐
접을 게 한두 가지가 아녀
뱃가죽은 멋대로 접히고
길은 알아서 접히고
무릎은 종아리 허벅지 구겨 넣고 접히지

물일 불일도
접히기 시작하면 다 쪼글쪼글 대는 거여

서서는 못 접는 게 바짓단이여
이만큼 되고 보니 내려가는 법도
굽어보는 법도 배우고
밑지는 장사는 아니지 싶다

너 클 때 바짓단 내려준 거 생각나냐
그만큼 큰 거
바짓단이 올려준 거여

—「접다」 부분

시간이 존재를 만지지 않으면, 존재는 아무런 형상을 갖지 못한다. 시간은 투명해서 보이지 않는 존재에게 옷을 입힌다. 존재가 시간의 옷을 입을 때, 존재는 비로소 보이는 존재가 된다. 시간의 옷은 시간의 흐름에 따라 변한다. 평면이 밀리고 밀리면 주름이 된다. 존재의 얼굴은 시간의 주름이다. "뱃가죽"과 "길"과 "무릎"이 접히는 것은 시간의 주름이 존재의 몸을 지나가기 때문이다. 시간이 새겨진 존재의 모습은 "쪼글쪼글" 주름으로 가득하다. 그 주름들이 곧 존재의 의미이다. 시간의 주름이 존재를 흠뻑 껴안고 지나가야, 존재는 비로소 존재의 "법"을 알게 된다. 올라가는 것만이 아니라 "내려가는 법"의 중요성도 시간이 지나야 의미로 부화된다. 어린아이의 "바짓단"을 내려줄 때, 그 힘으로 어린 것이 큰다는 '비밀'도 시간이 알려준다.

나무와 가지가 같은 줄 알지
산전수전 다 겪고 흙냄새까지 맡고 살아난 것을 나무라고 하고
머리에 풀 냄새도 지우지 못한 걸 가지라고 하는 거여

나무는 흔들리는 법이 없는 거여
흔들릴 수가 없는 거여

가지들 흔들어서 세상 구경 시켜주고
눈 바르게 뜨는 것도 일러주고
가지가 찢겨도 상처 붙잡고 일어서는 것도 가르치고
낙화하는 법도 물드는 것도
흔들어 깨워주는 거여

동네 사람들이 당산나무 보고 왜 절을 하는지 알겠지
못 믿겠으면
뒷산에 계신 할아버지에게 물어보던가

—「당산나무」 전문

"나무"와 "가지"의 구분도 시간성 안에서 이루어진다. "나무"

는 시간성의 오랜 스펙트럼을 통과해온 존재이다. "가지"는 시간의 물에 잠시 몸을 담갔으나 시간의 문법을 아직 잘 모르는 존재이다. 나무는 가지들에게 자신이 겪어온 시간의 주름에 대하여 말해준다. "당산나무"는 시간의 주름이 마침내 도달한 존재의 완성을 상징한다. 시간이 이렇게 지혜와 동급이 된다는 것은 얼마나 행복한 일인가. 그러나 시간은 지혜와 통찰만 만드는 것이 아니다. '시간이 지난다'는 것은 존재의 생물학적, 심리적, 생리적, 사회적, 물리적 변화의 과정을 수반하는 일이다. 존재의 '나이 듦'은 생물학적, 사회적 구성물로서의 존재를 생산하는 과정이다. 그러므로 시간이 흐름에 따른 존재의 보편적 발전의 법칙이란 없다. 보편적인 것은, 오로지 세포의 분열이 중단되고, 죽음이 다가온다는 것일 뿐, 시간의 주름이 존재에 새기는 무늬는 우연적이고 특수하고 다양하다.

어머니 배웅하고 오던 날
화덕 같은 시는 만날 수도
쓸 수도 없다는 것을
알았습니다

어떻게 살고 계신지
무얼 드시고 계신지
봄은 언제 갔는지 모른 채

초가을 바람이 예사롭지 않은 까닭은
마지막 시를 당신 몸으로
완성하셨다는 소식이겠지요

그 사랑을

—「깊은 불—화장」 전문

강미화 시인은 시간이 먼저 당도한 "어머니"의 "화장"을 보고 "마지막 시"는 오로지 죽은 몸으로 써진다는 사실을 깨닫는다. 존재가 시간의 명령을 충실히 받아들일 때, "깊은 불"을 받아들이는 "몸"이 된다. 그 숭고한, "화덕 같은 시"는, 오로지 "사랑"의 시간을 완성하고 "깊은 불" 속에 들어가는 존재에 의해서만 "완성"된다.

2.

시간은 해피엔딩만을 향하지 않는다. 그것은 존재의 계곡과 골짜기를 지나며 우운상설(雨雲霜雪)을 뿌린다. 존재는 시간의 캔버스이다. 화폭에 뿌려지는 잭슨 폴록(J. Pollock)의 물감처럼 시간은 죽음의 필연성 위에 실존의 우연성을 흩뿌린다. 그리하여 존재가 시간 속에 산다는 것은, 시간을 견디는 것을 의미하기도 한다.

미치도록 사랑하다
미치도록 울어대다
날뛰다

…(중략)…

피도 눈물도 삭아버린
나 다비린 부지깽이
…(중략)…

어디가 불인지
뿔인지

눈뜨고 보니 도깨비 터

눈이 알아서 더듬거리고
입도 알아서 입맛 찾아주고

잠 한숨 잘 잔겨
그 바람에 구경할 거 다 했잖여

거시기하게

—「낮잠」 부분

존재는 유한하고, 시간은 무한하다. 존재가 때로 의식을 하지 못할 정도로 시간은 광대하다. 그것은 존재를 안고 있는 공기처럼 무형의 대물(大物)이다. 형태 없는 거대한 흐름이 존재를 어루만질 때, 존재에 흔적이 생기고, 무늬가 생긴다. 존재는 시간이 자신을 그렇게 오래 훑고 간 뒤에야 뒤늦게 시간의 '왕림(枉臨)'을 느낀다. 존재가 "미치도록 사랑"하거나 "미치도록 울어"댈 때, 존재는 시간을 의식하지 못한다. 존재가 시간에 의해 "다 타버린 부지깽이"가 되었을 때, 존재는 비로소 자신의 몸을 지나간 시간의 광폭(廣幅)을 느낀다. 그것은 넓고 깊고 저항 불가능한 광폭(狂暴)이다. 그것을 견디는 방법은 그것의 실물성과 대면하지 않고 그것을 한낱 "낮잠" 정도로 가벼이 넘기는 것이다. 존재의 이와 같은 '회피'의 전략은 시간의 강고함과 거대함 때문에 생겨나는 것이다.

급하게 먹은 밥에 체하고
바쁜 걸음에 넘어지는 것이
사람뿐이 아니더라

밝은 귀로 사는 것도

부릅뜬 눈으로 사는 것도
발바닥 땀내 낸다고
더 잘 사는 것도 아니더라

가슴팍 더듬이가
봐도 못 본 척 들어도 못 들은 척
밀어주고 당기다
가슴팍 지문이 다 닳아서
빛이 생기는 거더라

—「지워진 지문」 부분

존재는 시간과 맞싸움을 하는 것이 능사가 아님을 잘 안다. 시간을 견딘다는 것은 시간의 손길에 민감한 반응을 보이지 않는 것이다. "밝은 귀", "부릅뜬 눈", "발바닥 땀내"도 시간의 주름을 능가할 수 없다. 시간과 겨루고 시간을 이기려 할 때, 존재는 "체하고", "넘어"진다. 시간을 견디는 것은 가슴에 새겨진 시간의 무늬("가슴팍 지문")가 다 닳도록 모른 체 하는 것이다. 그렇게 시간을 수용하고 극복한 존재에게만 시간은 "빛"을 선사한다.

3.

많은 시인이 늙음을 이야기하고 죽음을 사유한다. 나이 듦을 대하는 대부분 시인의 태도는 허무함, 허망함 혹은 초월에의 의지이다. 허무(虛無)는 시간이 선사한 정동(affect)이고, 초월(超越)은 시간을 외면하는 주체의 도피처이다. 강미화 시인의 특기는 시간을 허무나 초월의 시궁창에 버리지 않는 것이다. 그는 시간과 힘겹게 싸우면서도 그것을 견디고 그것이 존재에 새기는 무늬를 들여다본다. 강미화 시인은 시간의 주름이 어떻게 존재의 주름을 만드는지 궁구한다. 이렇게 시간성 속에서 존재를 볼 때, 존재물음의 답이 나온다. 시간성 없이 존재도 없다. 그러므로 강미화 시인의 시간에 대한 탐구는 결국 존재에 대한 탐구이다. 그녀는 시간성이 존재에 이르는 유일한 길임을 안다.

틀니 닦으며 말했습니다
감사할 일이 많다고
…(중략)…
나뭇잎이 제멋에 흔들리는 것도

…(중략)…

어금니 흔들리고 사랑니 지고 나니
주름은 바퀴벌레보다 무섭지만

강아지 소리에도 웃음이 나고
풀잎들 이름도 불러봅니다

당신 말이 들립니다

오후 여섯 시
오물오물 나이를 씹어 봅니다

—「마른장마」 부분

주름을 "바퀴벌레보다" 무서워하는 노인이 틀니를 닦으며 "오물오물 나이를 씹어" 보는 풍경은 얼마나 고즈넉한가. 틀니를 닦으며 "감사할 일이 많다고" 오물오물 시간을 씹어 볼 줄 아는 자만이 "당신 말"을 들을 수 있다. 시간은 존재를 흔들고("어금니 흔들리고") 존재를 지운다("사랑니 지고 나니"). 시간이 존재를 흔들고 지울 때, 존재의 외피에는 주름이 늘어난다. 그 흉측한 외관 때문에 존재는 시간과 화해하지 못한다. 그러나 "장밋빛 뺨과 입술도 시간의 칼날 아래"(W. 셰익스피어) 있음을 솔직히 인정할 때, 세계의 미세한 움직임들도 의미로 충만해지기 시작한다. 시간의 주름으로 존재가 헐거워졌을 때, 존재는 시간으로부터 자유로워진다. 그것은 존재가 시간성을 벗는 것이 아니라, 스스로 시간성과 하나가 되는 것이다.

존재가 시간과 하나가 될 때, 존재는 최종적으로 소멸하며, 주름도 사라진다. "오후 여섯 시"는 그런 무대로 들어가는 길목의 시간이다. "마른장마"는 생명의 건기에 내려지는 축복의 짧은 시간이다.

건강해지시면
미용실 놀러 오세요
십 년은 젊어지셨어요

들키지 않으려고
마신 한잔 커피
입천장을 데이고 말았습니다

—「거짓말 1—청춘교실」 부분

이 시집의 1부에는 「거짓말」 연작시가 총 5편 나온다. 다섯 편의 연작시들은 모두 "청춘교실"이라는 부제를 달고 있다. 다소 희극적인 이 연작시들은 그러나 '나이 듦' 혹은 늙음이 생물학적인 현상이면서 동시에 사회적 구성물(social construction)임을 씁쓸하게 보여준다. 머리 손질을 하면 십 년은 더 젊어 보인다는 "거짓말"은 우리 사회의 통념이다. 그것은 '늙음=나쁜 것', '젊음=좋은 것'이라는, "청춘교실"의 사회적 이데올로기이다. 누구나 늙게 되어 있고 죽게 되어 있다.

늙는다는 것은 존재의 당위이다. 그것은 부끄러워할 일도 아니고, 꼭 나쁜 일도 아니다. 늙음을 생물학적 현상을 넘어 나쁜 것, 무능력한 것, 부끄러운 것으로 해석하는 것은 나이 든 존재들을 차별하는 사회적 담론이다. 신체의 장애를 생물학적 문제 이상으로 '능력 없음(the disabled)', '결핍', '비정상'으로 간주하고 차별하는 것 역시 사회적 구성물로서의 장애 개념이다. 이와 하등 다를 바 없는 사회적 구성물로서 '늙음=열등함'의 공식이 "청춘교실"의 담론 속에서 진리로 통용된다.

늙은 벚나무 밑동
절반은 도려지고
수술 자국 만연하다

시멘트 사이
목마른 가지들

괜찮아
별거 아니다

꽃이 바람을 흔든다

—「상처 없이 피는 꽃은 없다」 전문

그러므로 나이 든 존재를 죽이는 것은 두 가지이다. 하나는 시간이고, 하나는 사회적 구성물로서 늙음에 대한 이데올로기(가짜 의식)이다. 전자는 자연스러운 것이고, 후자는 인위적이고 문화적인 것이다. 이래저래 존재가 늙음을 향해 갈수록 존재에는 아픈 흔적들이 늘어난다. "수술 자국 만연"한 "늙은 벚나무 밑동"은 그래서 상처투성이의 장엄한 존재이다. 존재는 마지막으로 쓰러질 때까지 말한다. "괜찮아/별거 아니다". 존재가 이런 지경까지 가면, 이제 시간이 존재를 흔드는 것이 아니라 존재가 시간을 흔든다. "꽃이 바람을 흔든다"는 문장은 그런 아름다운 존재의 경지에 바쳐진 헌사이다.

이 시집은 시간의 주름에 '대한' 이야기이면서 동시에 시간의 주름을 '위한' 서사이다. 모두가 늙음을 회피의 대상으로 삼을 때, 강미화 시인은 그것을 고통스러운 응시의 대상으로 삼는다. 그 정직한 대면을 통하여, 시인은, 나이 듦이 수치가 아니라 자연이고, 시간은 적이 아니라 동무임을 절절하게 알려준다. 그리하여 이 시집은 시간의 주름이 존재의 주름에 포개지는 아름다운 풍경들로 가득하다.

문학의전당 시인선 342

오늘 또 버려야 할 것들

ⓒ 강미화

초판 1쇄 인쇄 2021년 8월 20일
초판 1쇄 발행 2021년 8월 27일
지은이 강미화
펴낸이 고영
디자인 헤이존
펴낸곳 문학의전당
출판등록 제448-251002012000043호
주소 충북 단양군 적성면 도곡파랑로 178
전화 043-421-1977
전자우편 sbpoem@naver.com

ISBN 979-11-5896-523-5 03810